Ser
Feliz

Lo que la ciencia ha descubierto **te sorprenderá**

Ser Feliz

Es posible, medible y depende de ti

RICHARD ZAFRANI K

D'McPherson
EDITORIAL

ISBN: 978-9962-14-090-0

Editorial D´Mc Pherson
Calle 74, Plaza Los Fundadores, Dpto. 03
San Francisco
Ciudad Panamá
Panamá

e-mail: editorial@decomcpherson.com
https: //dmcphersoneditorial.com

DmcphersonEdit

dmcphersoneditorial

dmcphersoneditorial

GRACIAS...

A DIOS por mi vida, mi salud y mi familia y por plantar en mi mente la idea de ser feliz y el deseo de compartirlo con mucha gente.

A mi esposa Esther, por su amor, compañía y apoyo.

A mis hijos, Isaac, Benjamín y David, que los quiero con todo mi corazón y porque son mi mayor inspiración para seguir adelante.

A mi amigo del alma Jorge Gómez, por ser un amigo fiel y por todas las conversaciones acerca de la felicidad y temas similares.

A mi amigo Isaac Harari, que siempre me ha apoyado, especialmente en los momentos más difíciles de mi vida.

A mi prima Fortuna, que ayudó a convencerme de que puedo y debo compartir este mensaje con más personas.

A mi tía Fary, que me enseñó lo que es amor incondicional y como el ayudar indiscriminadamente es la clave para vivir una vida feliz.

Y a todos ustedes, que toman de su tiempo para leer o escucharme hablar de cómo ser feliz.

CIUDAD DE PANAMÁ.
FEBRERO, 2023.

ÍNDICE

CAP. 1
¿POR QUÉ SER FELIZ?
PORQUE UNA VIDA FELIZ ES UNA MEJOR VIDA

La felicidad no es solo una meta placentera. La felicidad es necesaria para lograr el éxito en el resto de las actividades de nuestra vida. Es mucho más probable que queramos pasar tiempo con nuestros amigos y familiares si nos sentimos felices. Al encontrarnos positivos y llenos de energía pensamos en nuevas ideas, nos interesamos en múltiples actividades, logramos conectarnos con nuestros amigos, mantenemos nuestra salud, fortalecemos las relaciones y encontramos el significado de la vida. Las emociones positivas asociadas con ser feliz nos dan la energía para desarrollar recursos físicos, intelectuales y sociales.

Lo que voy a compartir contigo es algo que todos necesitamos saber. Te ayudará a vivir una mejor vida. Es tan importante que te propongo dejar de hacer lo cotidiano y, a través de estas páginas, conocer lo que los últimos estudios científicos han descubierto acerca de ser feliz y cómo se relaciona con tener una mejor vida.

¿Por qué estoy siendo tan dramático al comienzo de un libro acerca de la felicidad? Porque ser feliz no es algo para tomarse a la ligera. Toda mi vida la he pasado persiguiendo lo que me gusta, como soy una persona creativa suelo enfocar mi mente en múltiples objetivos, he sido emprendedor y he experimentado con muchos tipos de actividades y negocios diferentes. En algunos gané dinero, en otros lo perdí y el ciclo se ha repetido muchas veces. Hasta que un día, no hace mucho, me pregunté ¿voy a seguir haciendo lo mismo el resto de mi vida? Fue en ese momento que se me ocurrió que casi todo el mundo está en una situación similar.

El que termina la escuela secundaria quiere convertirse en un profesional o una persona de negocios, cuando se gradúa quiere trabajar y tener solvencia económica. Las mujeres desean casarse, las casadas quieren tener hijos y así de manera sucesiva.

Todos estamos constantemente en busca de algo que nos atrae en ese momento y continuamos haciendo lo mismo durante toda la vida. ¿Y qué les sucede a las personas que persiguen sueños? Bueno…, algunas alcanzan sus objetivos, como casarse, tener hijos, ganar mucho dinero y otras no obtienen lo que buscaban. Pero incluso cuando lo hacen, son felices solo por un corto período de tiempo antes de que sientan nuevamente la necesidad de encontrar algo que perseguir.

¿Qué puede tener de negativo este comportamiento? Que aunque no siempre se exprese así, lo que todos tenemos en común es que, sea lo que sea que estemos persiguiendo, es porque creemos que cuando lo alcancemos, seremos felices.

Pero lo que rápidamente descubrimos es que, incluso si somos dichosos, cuando llegamos a la meta, ese estado de felicidad no perdura por mucho tiempo, y es por eso que iniciamos una nueva búsqueda de algo que nos haga felices. Este ciclo se repite una y otra vez en nuestra vida, sin necesariamente llevarnos a la felicidad ansiada.

La felicidad no debe verse solo como un destino al que intentamos llegar, sino como una forma beneficiosa en la que aprendemos a viajar.

Lo que este libro intenta mostrarte es cómo hacer de la felicidad una forma de vida. Y cómo, al sentirte feliz, aumentas la posibilidad de éxito en todo lo que persigues en tu vida.

Probablemente reconozcas este fenómeno en ti mismo: cuando te sientes triste, no tienes deseos de hacer mucho, pero cuando te sientes feliz, muchas actividades suenan geniales.

¿Has escuchado esta frase?: "Si tienes todo lo que querías tener, pero no eres feliz, entonces la vida no es buena". Lo contrario también nos parece cierto: "Cuando eres feliz, tengas o no todo lo que quisieras tener, la vida se siente maravillosa. ¿No es eso lo que todos realmente queremos? ¿Tener una buena calidad de vida, o mejor dicho, una vida genial y maravillosa?

Cuando me fui en busca de esta respuesta, me alegré mucho al descubrir que un alto porcentaje de la felicidad de una persona está en sus propias manos. Y que hay nuevos descubrimientos acerca de la felicidad basados en estudios de psicología positiva y la ciencia del bienestar.

Existen incluso ejercicios que permiten reprogramarte para ser feliz. También me sorprendió descubrir cuántas acciones estamos haciendo, que suponemos podrían hacernos felices, y que realmente no lo hacen. Incluso me atrevo a decir esto: si lees este libro con una mente abierta y una verdadera intención de ser feliz, probablemente terminarás tan emocionado como yo cuando descubras que en realidad puedes aprender cómo ser feliz.

¿Sabías que existe una fórmula para ello?, sí, una fórmula de cómo ser feliz.

En este libro te mostraré cómo medir tu nivel de felicidad a través de un capítulo que propone pruebas para evaluar algunos parámetros y así puedas valorar qué tan feliz eres actualmente y puedas comprobar en cualquier momento tus niveles de felicidad para saber si están disminuyendo o aumentando.

La conclusión es que, seas quien seas y sea cual sea la etapa de la vida en la que te encuentres, puedes aprender a ser feliz y permanecer en ese estado la mayor parte del tiempo, como explicaremos más adelante.

CAP. 2
LA DEFINICIÓN DE FELICIDAD:
¿QUÉ SIGNIFICA SER FELIZ?

La felicidad de tu vida depende de la calidad de tus pensamientos.
MARCUS AURELIUS

Bueno, creo que lo primero que debemos hacer es definir a qué nos referimos cuando decimos la palabra "felicidad". Hay muchos tipos de felicidad. La felicidad puede incluir optimismo y alegría, pero también incluye sentimientos de calma y armonía.

Empecemos por decir que la felicidad no se refiere a las personas que están sonriendo todo el tiempo, aunque sonreír es algo bueno, pero no es sinónimo de felicidad, porque el que sonríe no siempre se siente bien por dentro y *lo que sientes por dentro es lo que realmente importa.*

Aunque los niveles emocionales altos o extremos te hacen sentir bien, tampoco es en ese punto donde se encuentra el nivel óptimo de felicidad. Los estudios muestran que las personas que son más propensas a sentimientos intensamente positivos también tienen más probabilidades de experimentar sentimientos profundamente negativos. Estas personas, en ocasiones, también perciben que su ánimo desciende porque es difícil, si no imposible, permanecer intensamente felices.

Cuando estás feliz, te sientes bien por dentro, es decir, a gusto, con paz y dependiendo de tu personalidad o cultura, feliz puede significar optimista, entusiasta y enérgico, o también puede ser tranquilo y en armonía.

¡La felicidad no es perfecta, pero, aun así, puede ser grandiosa, suficiente como para luchar por ella!

No te preocupes si experimentas enojo, tristeza o preocupación esporádica. La felicidad no es la ausencia total de emociones negativas.

Breves sentimientos de tristeza y culpa, aunque nos parecen desagradables, son completamente normales y tienen propósitos fisiológicos importantes para ayudarnos a funcionar de manera normal y efectiva.

En lugar de deshacernos de estas emociones, nuestro objetivo debe ser experimentar considerablemente más estados de ánimo y emociones agradables.

Tenemos que proponernos dar prioridad, la mayoría del tiempo, a experimentar buenos sentimientos y reducir al mínimo los sentimientos negativos.

Es importante entonces que las personas piensen en la felicidad como un estado en el que las emociones placenteras se sienten la mayor parte del tiempo, y las emociones positivas intensas, solo en algunas ocasiones.

Si te sientes bastante enérgico y optimista la mayor parte del tiempo y en la mayoría de los días, y en general estás satisfecho con tu vida con solo una queja ocasional, eres, de acuerdo con las definiciones más recientes, una persona feliz. Algunos de nosotros sentiremos emociones más intensas y otras emociones menos intensas debido a nuestros diferentes temperamentos, pero las emociones positivas frecuentes deberían ser el objetivo, en lugar de altas emocionales continuas.

CAP. 3
LOS MÚLTIPLES BENEFICIOS DE SER FELIZ

Los beneficios de ser feliz son demasiado importantes para permitirnos pasarlos por alto. Las investigaciones demuestran que ser feliz no solo se siente bien, sino que también resulta positivo en muchos sentidos de nuestra vida.

Algunos de los beneficios más importantes de ser feliz incluyen:

Reducción de la mortalidad cardiovascular.

Menos problemas para dormir.

Más energía.

Sistema inmunológico más fuerte.

Mejor salud física.

Larga vida.

Más autoconfianza y autoestima.

Aumento de acciones caritativas y de cooperación.

Mayor autocontrol.

Alta resistencia frente a las dificultades.

Ideas más creativas.

Mejor rendimiento en el trabajo.

Mejor capacidad para el liderazgo y la negociación, y por ende, mayor solvencia económica.

Mayor sociabilidad.

Aumento de la capacidad para interactuar con los demás.

Relaciones personales más satisfactorias.

Mayor número de amigos.

Alta probabilidad de casarse y de que el matrimonio sea duradero.

Las personas felices también tienden a beneficiar a sus parejas, familias, comunidades e incluso a la sociedad en general.

Si resumimos los beneficios presentados, podemos ver que la felicidad es buena para tu salud, tu vida personal, productiva, familiar, social y comunitaria, prácticamente todas las áreas importantes de la existencia humana.

No pretendo parecer redundante o repetitivo, ¿pero entiendes lo que quiero decir cuando digo que ser feliz da como resultado una vida más completa y maravillosa?

A continuación, profundizaremos un poco en algunas investigaciones relacionadas con lo que la ciencia ha descubierto respecto a los hechos, situaciones y cosas que pueden hacerte feliz y las que realmente no te brindan la felicidad, a pesar de que pensabas que sí (los conceptos erróneos de la felicidad).

CAP. 4
BIENVENIDOS A LA ERA DE LA PSICOLOGÍA POSITIVA
DONDE LA FELICIDAD ES UNA CIENCIA

Durante más de 60 años, la psicología trabajó con el modelo de enfermedad. A través de este, la psicología y la psiquiatría afirman que pueden hacer que las personas infelices opten por un mejor estilo de vida. Sin embargo, este modelo nunca tuvo como objetivo hacer a la gente más feliz.

En 1998, cuando el Dr. Martin Seligman se convirtió en presidente de la Asociación de Psicología, inició una nueva ciencia llamada Psicología Positiva, una ciencia enfocada en lo que hace que valga la pena vivir la vida. Interesado en las mejores cosas de la vida y en hacer que la vida de las personas normales sea más plena y satisfactoria.

A partir de esta nueva ciencia se realizaron muchos estudios científicos y se demostró que es posible medir las diferentes formas de felicidad, que podemos ser felices si realmente queremos, es decir, si lo intencionamos así.

Debes saber que, aunque este libro está escrito en un tono alegre, toda la información y las afirmaciones hechas aquí sobre la felicidad provienen de hechos basados en estudios científicos, pruebas estadísticas, cuestionarios validados, y de muestras grandes y representativas, estos estudios han sido realizados, en su mayoría, por psicólogos y científicos de gran reconocimiento, que han concentrado su atención en la ciencia del bienestar. En contraste con la psicología popular y la mayor parte de los escritos de superación personal, estos análisis de psicología positiva son creíbles debido a la ciencia en los que se han basado.

CAP. 5
EVALUANDO TU FELICIDAD
TU NIVEL DE FELICIDAD ES MEDIBLE

Una de las mayores ventajas de esta nueva ciencia es que podemos medir los niveles de felicidad.

En este capítulo te presentamos dos pruebas para evaluarlos.

La primera prueba se basa en el Inventario de la Felicidad Auténtica. Es un conjunto de 24 preguntas que proporcionan una medida general de tus niveles de felicidad. Al final de la encuesta recibirás una puntuación entre 1 y 5 según tus respuestas. (Ver Anexo 1).

Las puntuaciones te servirán como referencia para saber lo feliz que estás en el momento de realizarlo. Por lo tanto, podría ser una buena idea tomarlo al final de este libro cuando hayas aprendido y practicado algunas técnicas que pueden elevar tus niveles de felicidad. Y también, de vez en cuando, para medir si tu estado de ánimo ha variado.

Esta prueba es una oportunidad para identificar las fortalezas de tu carácter, sobre las cuales aprenderemos más en un próximo capítulo. Estas fortalezas son las partes positivas de tu personalidad que impactan la forma en que piensas, sientes y te comportas.

Para identificar tus principales fortalezas de carácter puedes realizar la encuesta gratuita en línea, basada en la investigación sobre las fortalezas de carácter del VIA Institute on Character. La encuesta consta de 96 preguntas y tarda unos 15 minutos en completarla. No hay respuestas correctas/incorrectas, y no hay mejores/peores respuestas. La clave es ser auténtico, para que puedas sacar el máximo provecho de la experiencia.

Después de realizar la encuesta, obtendrás la clasificación de tus 24 fortalezas de carácter. De todas las fortalezas de carácter las 5 principales son las más importantes, y se llaman "Fortalezas de carácter sobresalientes". Si puedes, ten muy en cuenta tus fortalezas de carácter distintivas, ya que estas son las características que te hacen sentir lleno de energía y envuelto y compenetrado en las actividades de tu vida. (Ver Anexo 2).

CAP. 6
CONCEPTOS ERRÓNEOS:
LO QUE PENSAMOS QUE NOS HACE FELICES

Todos deberían volverse ricos y famosos y hacer todo lo que alguna vez soñaron solo para darse cuenta de que esa no es la solución a la felicidad.
JIM CARREY

¿Cuál de las siguientes cosas crees que te haría más feliz? ¿Más tiempo libre en el trabajo? ¿Trabajo que te pague mejor? ¿Verte más joven? ¿Perder peso? ¿Una casa más grande? ¿Un cónyuge más amoroso? ¿Un bebé? ¿Más niños? ¿Padres más comprensivos? ¿Cura de una enfermedad crónica o discapacidad? ¿Más dinero?

Si tus respuestas se parecen a estas, entonces te tengo una sorpresa: ninguna de estas soluciones te hará sustancialmente feliz. Esto no significa que encontrar la felicidad duradera es inalcanzable, sino que tendemos a buscarla en los lugares equivocados. Lo que creemos que haría una gran diferencia en nuestras vidas, en realidad, según la investigación científica, solo haría una pequeña diferencia, mientras que al mismo tiempo pasamos por alto las verdaderas fuentes de felicidad y bienestar personal.

TODOS ASUMIMOS LO QUE NOS HACE FELICES Y TODOS NOS EQUIVOCAMOS

Los psicólogos investigadores han acumulado suficiente evidencia que demuestra que estamos completamente equivocados sobre lo que nos trae placer y satisfacción y, como resultado, nos ocupamos principalmente en tratar de que sucedan cosas que en realidad no conducen a la felicidad.

La suposición errónea más común es que los eventos positivos, como ganar más dinero, ponerse en forma o perder peso, nos proporcionarán mucha más felicidad de la que realmente nos dan. Tomemos como ejemplo la búsqueda de dinero y posesiones. ¿Por qué nos cuesta tanto creer que el dinero realmente no nos hace felices?

Porque la verdad es que el dinero sí nos hace felices. Pero nuestro malentendido es que "creemos que el dinero traerá mucha felicidad durante mucho tiempo, y en realidad trae un poco de felicidad por un corto tiempo".

Mientras concentramos nuestros esfuerzos en la búsqueda de esos callejones sin salida de placer, terminamos ignorando otras rutas más efectivas hacia el bienestar y la felicidad.

Uno de los mayores obstáculos para alcanzar la felicidad es que la mayoría de nuestras creencias sobre lo que nos hará felices están equivocadas. Sin embargo, han sido inculcadas en nuestras mentes por amigos, familiares y personas famosas o populares y son reforzadas constantemente por las historias e imágenes que vemos en los medios de comunicación. Muchas de las supuestas fuentes de felicidad parecen tan lógicas que, incluso las personas más inteligentes, tienden a creerlas sin siquiera cuestionarlas.

Aquí es donde la ciencia puede aportar claridad. Las siguientes son algunas de las frases que están equivocadas y que comúnmente escuchamos sobre la felicidad.

"La Felicidad se encuentra"

La felicidad no está allá afuera para ser encontrada. La razón es porque la felicidad está dentro de nosotros. La felicidad es un estado de ánimo, una forma de percibirnos a nosotros mismos y al mundo interior en el que vivimos.

Así que, si quieres ser feliz, puedes hacerlo escogiendo cambiar y administrar lo que tienes en tu mente, es decir, tus pensamientos o estado mental.

"La Felicidad está en cambiar nuestras circunstancias"

Otra gran ilusión es la noción de que, si tan solo pudiéramos cambiar algunos eventos, las circunstancias de nuestras vidas cambiarían, entonces seríamos felices. Este tipo de pensamiento es lo que yo llamo "sería feliz SI _______" o "seré feliz CUANDO _______". Como en "Seré feliz si me caso, o si gano más dinero, o si consigo una casa grande".

No seas esa persona que está esperando que algo suceda para ser feliz, porque si no eres feliz hoy, entonces no lo serás mañana, a menos que cambies tu forma de pensar y tomes acciones en tus propias manos. De esta manera, si eliges ser feliz hoy y todos los días, puedes hacerlo manejando tu estado de ánimo.

"O lo eres o No lo eres"

El comentario más común en relación con esta afirmación es "Nunca pensé que podría enseñarme a mí mismo a ser feliz". Pensé que o lo eres o no lo eres. Esta noción de que nacemos felices o infelices es otro mito.

Muchos de nosotros, especialmente aquellos que atraviesan constantemente situaciones difíciles, creemos que nuestra infelicidad es genética y que realmente no hay nada que podamos hacer al respecto. Por el contrario, cada vez más investigaciones demuestran que a pesar de nuestra predisposición genética a la felicidad, hay mucho que podemos hacer para ser felices.

Entender que una gran parte de nuestra felicidad está determinada por la actividad intencional es darse cuenta del gran impacto que puede tener uno en su propia vida a través de estrategias intencionales que puedes implementar para convertirte en una persona feliz o más feliz .

La concepción errónea del dinero aclarada

No críes a tus hijos para que sean ricos,
edúcalos para ser felices.
STEVE JOBS,
fundador de Apple

La relación INGRESO vs. SATISFACCIÓN DE VIDA

Un estudio encontró que una vez que obtienes el dinero necesario para cubrir los gastos y un poco más, el dinero no te hace más feliz. Después de ese nivel la felicidad no aumenta tanto.

David G. Myers, autor de *American Paradox, el hambre espiritual en una era de abundancia* dice: "En comparación con sus abuelos, los adultos jóvenes de hoy han crecido con mucha más riqueza, un poco menos de felicidad y, de hecho, con un riesgo mucho mayor de depresión y todo tipo de patologías sociales".

Esta afirmación nos habla sobre una paradoja porque el mejoramiento de condiciones generales del mundo alcanzado en las últimas cuatro décadas no ha ido acompañado de un incremento de bienestar subjetivo. Todas estas cosas adicionales que estamos recibiendo en realidad no nos hacen mucho más felices y deberíamos ver esto como una especie de paradoja.

¿Cuál es la correlación entre la satisfacción en la vida y los ingresos? El Bienestar Emocional aumenta con los ingresos, pero no después de $75 000, donde esta cifra es un número plausible y el dinero no es un problema.

De hecho, puedes encontrar que la falta de recursos básicos y recursos materiales contribuyen a la infelicidad, pero el aumento de los recursos materiales no aumenta la felicidad.

Suficiencia Material: el papel del dinero en la felicidad

Por mucho que nos gustaría recomendar solo actitudes positivas y crecimiento espiritual, la verdad es que vivimos en un mundo físico.

Estamos encadenados a esta vida por nuestros cuerpos y, por lo tanto, los bienes materiales juegan un papel en nuestro bienestar. Nuestros cuerpos tienen muchas necesidades físicas, y cuando no se satisfacen, pueden restar valor a nuestra felicidad. Para ser lo más felices posible necesitamos buena salud, recursos suficientes como alimentos, para satisfacer nuestras necesidades básicas, y suficiente dinero para experimentar algunos de los placeres de la vida.

Para ser felices no necesitamos ser ricos, pero la suficiencia material más allá de la pobreza es claramente útil para la felicidad. Debemos tener cuidado con el materialismo:

valorar el dinero y las cosas más de lo que valoramos a las personas, el amor y a nuestra sociedad.

La salud y la suficiencia material también ayudan a la felicidad porque liberan la mente para otras cosas, pero no son suficientes para alcanzarla.

LA CONCEPCIÓN ERRÓNEA DEL CUERPO PERFECTO

Un estudio demostró que tener un rostro o un cuerpo perfectos, lograr nuestros objetivos de apariencia en realidad reduce nuestro bienestar. La mayoría de las personas reportan estar satisfechas con su apariencia física después de la cirugía, pero solo por un corto período de tiempo.

Es probable que el impulso de felicidad no dure. Este es otro gran ejemplo de lo que realmente sucede con la mayoría de las cosas que pensamos nos harían felices por más tiempo.

La razón más simple en este caso es que simplemente no nos enfocamos en nuestra apariencia cuando pensamos en lo felices que somos.

¿Por qué todos pensamos que estas cosas nos van a hacer felices? La respuesta: La mente nos engaña. En el próximo capítulo veremos 3 ejemplos de este fenómeno.

CAP. 7
ADAPTACIÓN HEDÓNICA, CAMINADORA HEDÓNICA Y PREDICCIÓN ERRÓNEA DE IMPACTO

Los siguientes conceptos ayudan a explicar lo que sucede realmente en la vida cuando recibimos beneficios, ya sean materiales u otros. Por lo general asumimos que nos van a hacer felices durante mucho tiempo, y terminan complaciéndonos en parte, pero no por largo rato. El primer concepto se llama:

ADAPTACIÓN HEDÓNICA

Esto se refiere a cuando obtenemos las cosas buenas por primera vez, y estamos felices, pero luego nos acostumbramos, nos adaptamos, tal como Daniel Gilbert explica en su libro *Tropezando con la felicidad*. Esto sucede a menudo porque las cosas son especialmente maravillosas cuando suceden al comienzo, pero este efecto se desvanece con la repetición.

NOS ADAPTAMOS TANTO A LAS COSAS BUENAS COMO A LAS MALAS: LAS COSAS NUNCA PERMANECEN IGUAL

Las personas están constituidas con la capacidad natural de adaptarse a nuevos niveles de alegría. Todos nosotros podemos experimentar los altibajos emocionales que resultan de ser ascendidos en el trabajo u obtener una gran ganancia en una venta, y también estamos familiarizados con la baja emocional que experimentamos al enfermarnos, perder un trabajo o discutir con un amigo cercano.

Pero pregúntate: ¿Por qué no te quedas así? ¿Por qué no estás tan feliz hoy como lo estabas el día de tu ascenso en el trabajo, o tan triste como lo estabas el día que te quedaste sin él? Es porque con el pasar del tiempo te adaptas a las nuevas condiciones.

Esta es la razón por la que tantas personas buscan experiencias novedosas, buscan un cambio de ritmo o planifican nuevos objetivos una vez que se han cumplido los anteriores. Tendemos a reaccionar a los cambios y luego nos adaptamos rápidamente a las nuevas circunstancias.

LA CAMINADORA HEDÓNICA

Este concepto aplica a aquellas personas que tratan de hacerse muy felices, que persiguen la emoción en las relaciones, un salario grande, una gran ganancia y actividades deportivas emocionantes. Todos estos son un poco como ratas en una caminadora continua, corriendo sin parar, pero sin llegar a ninguna parte. Probablemente conoces gente así.

Este es el tipo de personas que siempre están bajo presión, buscando nuevas actividades de placer, siempre esperan la próxima emoción. Y aunque al principio pueden experimentar la emoción, con el tiempo no es tan gratificante como cuando encontraron la nueva emoción por primera vez. Puede pasar rápidamente de emocionante a solo placentero.

Así es como sucede: inicialmente persiguen la actividad emocionante, pero la adaptación natural eventualmente los arrastra de vuelta al estado de ánimo normal o neutral. Es como volver al punto de partida, como correr en el mismo lugar.

PREDICCIÓN ERRÓNEA DE IMPACTO

El otro concepto que engaña a nuestra mente para que piense que la felicidad permanecerá se llama *Predicción errónea de impacto*: y se refiere a la tendencia a sobrestimar el impacto emocional que un evento futuro tendrá sobre nosotros tanto en términos de intensidad como de duración, ya sea positiva o negativamente.

Lo importante aquí es que la euforia ocasional y la felicidad intensa, aunque agradables, no durarán.

A veces pensamos que perder nuestro trabajo o el único ingreso que tenemos será devastador y que una casa nueva nos dará felicidad eterna. Pero la mayoría de las veces todos los eventos de nuestras vidas no son ni devastadores ni eternamente gratificantes. Estos eventos generalmente nos hacen sentir un altibajo emocional temporal y no tienen un efecto a largo plazo en nuestra felicidad.

Estudios científicos confirman que perder el trabajo o la oportunidad de ingresos, conseguir un auto nuevo o una casa bonita, encontrar un nuevo amor o someterse a una cirugía plástica embellecedora tienen mucha menos intensidad y mucha menos duración de lo que la gente espera que tengan.

Un estudio reciente que muestra cómo los traumas importantes de la vida afectan a las personas, sugiere que si sucedió hace más de tres meses, con solo algunas excepciones, no tiene ningún impacto en su felicidad.

Espero que en este punto hayas llegado a aceptar el hecho de que las circunstancias específicas de tu vida, a menos que sean realmente terribles, no son la clave de tu infelicidad. Si no estás satisfecho con tu trabajo, tus amigos, tu matrimonio, tu salario o tu apariencia, el primer paso que debes dar para alcanzar una felicidad más duradera es quitar de tu mente esas cosas por ahora.

Por difícil que sea, trata de no reflexionar sobre ellas. Sigue recordándote que estas cosas no son lo que te impide ser más feliz. Requerirá mucha disciplina y autocontrol, pues es importante desaprender esta creencia común pero falsa.

CAP. 8
¿CÓMO SER FELIZ?
NO INVIERTAS EN COSAS, INVIERTE EN EXPERIENCIAS

La primera parte de este libro estuvo dirigida a mostrar cómo superar nuestras viejas maneras de pensar. Necesitamos entender que hay cosas que PENSAMOS que pueden hacernos felices, pero en realidad no es así.

Como en la adaptación hedónica, esta idea de que somos felices al principio cuando obtenemos algo es solo una ilusión, porque esa felicidad desaparece. Y este hecho se aplica lo mismo al matrimonio, una casa nueva, un auto nuevo, etcétera.

Ahora vamos a hablar de todas las cosas que realmente pueden hacerte feliz según la ciencia del bienestar emocional y la psicología positiva.

La primera idea o concepto que vamos a aplicar es que vamos a dejar de invertir en cosas materiales. De ahora en adelante, mientras piensas en el tipo de cosas que puedes hacer para ser feliz, piensa en no invertir tanto en este tipo de cosas materiales. ¿POR QUÉ?

Terminan quedándose, nos acostumbramos y eso significa que nos aburrimos de ellas. En cambio, vamos a invertir en cosas que no se van a quedar o perdurar como por ejemplo: EXPERIENCIAS.

¿Qué quiero decir con experiencias? Ir de vacaciones, pasar un tiempo en un museo o en un balneario, o ir a un concierto. Incluso algunas actividades más cotidianas como salir a comer, o tomar un café con un amigo.

Ese es el tipo de cosas que son experiencias y que no van a perdurar. No vas a tener tiempo para adaptarte a ellas.

¿Por qué querríamos invertir en unas vacaciones increíbles en lugar de comprar un auto nuevo? Ese auto se quedará y nos será útil en el futuro.

De nuevo, este es un punto en el que nuestras mentes nos están dando una respuesta equivocada. De hecho, obtenemos más felicidad de la que imaginamos de las experiencias. El hecho de que las vacaciones duren solo una semana es algo bueno.

No tienes tiempo para acostumbrarte y eso es positivo.

Además, con la experiencia de las vacaciones, tenemos el preámbulo de la espera y pensar en eso en realidad nos da un pequeño impulso de felicidad.

Además, cuando le cuentas a la gente sobre tus experiencias, resulta mucho más gratificante para todos los demás que cuando les comentas sobre las cosas nuevas que compraste. Como cuando escuchas sobre un viaje a Hawái, eso es realmente divertido.

Pero cuando escuchas sobre el vestido nuevo de alguien, eso es simplemente aburrido. Y resulta que esta es una de las razones por las que las compras de experiencias son mejores, ya que te hace feliz antes, durante y después al relacionarte con tus amigos y familiares.

CAP. 9
LA FELICIDAD... DEPENDE PRINCIPALMENTE DE TI:
EL ESTUDIO 50/40/10 ¿ES POSIBLE APRENDER A SER FELIZ?

50 % ES GENÉTICO

En un estudio realizado por Sonia Lyubomirsky se descubrió que el 50 % de la felicidad proviene de puntos fijos determinados genéticamente, este descubrimiento se deriva de la creciente investigación realizada con gemelos idénticos y fraternales que sugiere que cada uno de nosotros nace con un punto fijo de felicidad particular que se origina en nuestra madre o padre biológicos o ambos, un punto de referencia o base para la felicidad a la que estamos obligados a regresar, incluso después de grandes fracasos o triunfos.

10 % ES CIRCUNSTANCIAL

El mismo estudio concluyó que solo alrededor del 10 % de la variación en nuestros niveles de felicidad se explica por las diferencias en las circunstancias o situaciones de la vida, lo que significa que cualquiera de estas solo tendrá una relevancia del 10 % de la felicidad en tu vida:

Si eres hombre o mujer, su edad, su origen étnico, rico o pobre, saludable o no saludable, hermoso o sencillo, soltero, casado, separado, divorciado o viudo, su ocupación, afiliación religiosa, condiciones de vida, dónde creciste, cualquier evento significativo negativo en tu vida, como el divorcio de los padres, accidentes automovilísticos o en el lado positivo: armonía familiar, ser popular, ganar premios, etcétera.

Así que, aunque te cueste creerlo, ya sea que conduzcas al trabajo en un BMW o en un camión destartalado, ya seas joven o viejo, tus posibilidades de ser feliz o volverte más feliz son las mismas.

40 % es intencional: "Hay que querer ser feliz"

El 40 % depende de ti, es decir, tus propios esfuerzos e intenciones pueden hacerte feliz o más feliz, y todo depende de ti. Este 40 % es probablemente la razón por la que los psicólogos realizaron con optimismo todos los estudios que muestran qué nos hace felices y cómo.

40 % significa que tienes mucho control sobre tu propia felicidad. La clave aquí es que tienes que ser INTENCIONAL. "HAY QUE QUERER SER FELIZ".

El secreto para ser feliz o más feliz está en este 40 %

Si observamos a las personas genuinamente felices, encontraremos que no se quedan sentadas y así se contentan. Ellos hacen que las cosas sucedan. Van en busca de nuevos conocimientos, de nuevos logros y controlan sus pensamientos y sentimientos. En resumen, nuestras actividades intencionales y generadas con nuestro propio esfuerzo tienen un efecto poderoso en cuán felices somos, más allá de los efectos de nuestros puntos fijos genéticos y las circunstancias personales.

Si una persona infeliz quiere experimentar interés, entusiasmo, satisfacción, paz y alegría, puede lograrlo aprendiendo los hábitos de una persona feliz.

Considere cuánto tiempo y compromiso dedican muchas personas al ejercicio físico, ya sea yendo al gimnasio, a trotar, a nadar o a hacer yoga. Las investigaciones revelan que, si deseas alcanzar una mayor felicidad, debes hacerlo de manera similar. En otras palabras, ser más feliz de una forma duradera exige hacer algunos cambios permanentes que requieren esfuerzo y compromiso todos los días de tu vida. Alcanzar la felicidad requiere trabajo, pero este "trabajo de la felicidad" puede ser el trabajo más gratificante que jamás hayas hecho.

CAP. 10
CONCEPTOS DE FELICIDAD REAL
Y EJERCICIOS DE RECONEXIÓN MENTAL

La felicidad consiste más en las pequeñas comodidades o placeres que se dan todos los días, que en las grandes fortunas que le suceden rara vez a un hombre en el curso de su vida.
BENJAMÍN FRANKLIN

Esta es una parte muy importante de este libro. Las siguientes técnicas y ejercicios para ayudar a mejorar la felicidad individual están respaldados por estudios científicos.

ESTAS SON ALGUNAS DE LAS TÉCNICAS MÁS PODEROSAS Y A LA VEZ SENCILLAS PARA HACERTE FELIZ que han sido probadas y comprobadas dentro del campo de la psicología positiva.

Se llaman ejercicios de Reconexión mental:

DEFINICIÓN DE RECONEXIÓN: Los llamamos "ejercicios de reconexión" porque son prácticas destinadas a reconectar tu proceso de pensamiento y permitirte crear nuevos hábitos. ¿Cómo? Al hacer los ejercicios, obtendrás conciencia de los efectos que ellos tienen sobre tu estado de ánimo y bienestar. Al hacer y seguir estos ejercicios, crearás nuevos hábitos que, al continuar, te producirán una mejora general del estado de ánimo y bienestar en tu vida cotidiana.

DÁNDOLE SEGUIMIENTO A LOS EJERCICIOS DE RECONEXIÓN: Sabemos que el seguimiento a los ejercicios juega un papel importante en el cambio de comportamiento. Puedes realizar el seguimiento de tus ejercicios utilizando un diario o escribiendo una nota en tu teléfono, o como prefieras, la forma en que realices el seguimiento de tu progreso depende totalmente de ti, pero lo importante aquí es que utilices un sistema que te funcione y puedas darle un seguimiento a tus ejercicios, ya que es clave para el proceso de reconexión mental y la creación de nuevos hábitos que te llevarán a elevar tu estado de ánimo.

Escribir en un diario una experiencia positiva que hayas tenido durante las últimas 24 horas le permite a tu cerebro revivirla. Esta acción de escribir en un diario le enseña a tu cerebro que tu comportamiento es importante. Los ejercicios de reconexión mental han demostrado ser más efectivos cuando se realizan durante al menos 21 días consecutivos.

Al final de ese período, el cerebro comienza a retener un patrón de escanear el mundo no en busca de lo negativo, sino primero de lo positivo.

Y finalmente, al hacer estas actividades y entrenar tu cerebro al igual que entrenamos nuestros cuerpos, lo que hemos encontrado es que podemos condicionarnos a la felicidad.

A. Ejercicio de reconexión **#1: GRATITUD**
GRATITUD: SER AGRADECIDO. Es el primer ejercicio de reconexión.

La felicidad no se trata de conseguir lo que quieres todo el tiempo,
se trata de amar lo que tienes y estar agradecido por ello.

Charlie Brown

Las investigaciones demuestran claramente que si cultivaras una "actitud de gratitud" serías más feliz. Es importante entender por qué expresar gratitud ayuda a hacerte más feliz.

La gratitud es un estado emocional positivo en el que uno reconoce y agradece lo que ha recibido en la vida. La gratitud es una afirmación de lo bueno, (que la vida es buena), reconocemos la fuente de esta bondad (Di-s).

La gratitud tiene distintos significados para muchas personas: es apreciar, mirar el lado positivo de un fracaso, agradecer a alguien en tu vida, dar gracias a Dios, "contar tus bendiciones". La gratitud es un antídoto contra las emociones negativas, un neutralizador de la envidia, la avaricia, la hostilidad, la preocupación y la irritabilidad.

Beneficios de la gratitud

Las investigaciones muestran que tomarse el tiempo para experimentar gratitud puede hacerte más feliz e incluso más saludable. Experimentar gratitud puede mejorar tu estado de ánimo y reducir tus niveles de estrés. Puede fortalecer tu sistema inmunológico y disminuir la presión arterial. Experimentar gratitud también ayuda a sentir una conexión social más fuerte.

La gratitud produce sentimientos positivos. Las personas que la practican se vuelven más sociables y son más amables con los demás. Una persona agradecida es una persona más positiva, y las personas positivas agradan más a los demás y pueden hacer nuevas amistades con mayor facilidad.

Las personas que son agradecidas son más enérgicas. También tienden a ser más serviciales, empáticos y espirituales.

Cuanto más tiende una persona a ser agradecida, menos probable es que se sienta deprimida, ansiosa, solitaria, envidiosa o neurótica.

Las personas agradecidas tienden a ser menos envidiosas de los demás. Aquel que en realidad aprecia lo que tiene (por ejemplo: familia, salud, hogar), es menos probable que preste atención o envidie lo que tienen los demás.

Tal como lo comentó un psiquiatra: "la gratitud... disuelve los sentimientos negativos: la ira y los celos se derriten ante su abrazo".

La práctica de gratitud es incompatible con las emociones negativas y, de hecho, puede disminuir o disuadir sentimientos como la ira, la amargura y la codicia.

De hecho, es difícil sentirse culpable, resentido o furioso cuando uno se siente agradecido.

Los estudios han demostrado que en los días en que las personas se esfuerzan por expresar su gratitud, experimentan más emociones positivas (es decir, sentimientos como interés, entusiasmo, alegría y orgullo), se sienten conectados con los demás e incluso duermen mejor.

La gratitud ayuda a las personas a sobrellevar el estrés y el trauma.

Expresar agradecimiento durante la adversidad personal, como una pérdida o una enfermedad crónica, por difícil que sea, puede ayudar a adaptarse y seguir adelante.

Aunque puede ser un desafío celebrar tus bendiciones en los momentos en que parecen menos aparentes para ti, puede que sea lo más importante que puedas hacer.

La gratitud tiene una capacidad que sin duda beneficia y ayuda a elevar los ánimos tanto en tiempos de enfermedad o cuando estas saludable.

El ejercicio: Por los próximos siete días, tómate de 5 a 10 minutos cada noche para escribir cinco cosas por las que estás agradecido. Pueden ser cosas pequeñas o cosas grandes. Pero realmente tienes que pensar en cada uno de ellos durante al menos 30 segundos y durante ese tiempo ser consciente de lo que estás agradeciendo y luego escribirlos. Este ejercicio debe tomar al menos cinco minutos. Haz esto cada noche durante toda la semana. Para completar el período ideal de reconexión, haz este ejercicio durante 21 días.

La carta de agradecimiento

El Dr. Martin Seligman nos presenta un concepto adicional de agradecimiento con beneficios muy poderosos para la felicidad.

Escribe una carta de agradecimiento a alguien que te importa. Piensa en esa persona que vive y que haya impactado tu vida, pero a quien nunca le agradeciste debidamente. Tomate un tiempo para escribirle una carta explicando cómo ha marcado tu vida y por qué es importante para ti.

Tu carta puede ser tan larga como quieras, pero trata de que tenga al menos 300 palabras. Puedes entregar la carta o leérsela por teléfono, pero para un impacto mayor de felicidad, es mejor si programas una visita en persona. Cuando se reúnan, deben leer la carta en voz alta.

Una carta de agradecimiento es una de las herramientas más poderosas para aumentar la felicidad porque puede forjar lazos sociales y realmente cambiar la vida de alguien. Todos lloran cuando esto pasa. Y lo que sucede es que, cuando les preguntamos a las personas involucradas una semana después, un mes después, tres meses después, ambas están más felices y menos deprimidas.

B. Ejercicio de reconexión #2: SABOREAR

Rara vez estamos viviendo y saboreando el momento presente, siempre pensamos que lo que más cuenta es lo que sucederá en el futuro.

Constantemente posponemos nuestra felicidad y nos convencemos de que mañana o algo que sucederá en el futuro será mejor que el momento presente. Como dijo Robin Williams en la película *El club de los poetas muertos*, recordando la antigua frase latina: *Carpe diem* (¡Apodérate y aprovecha el día!).

Saborear, en este caso, es el acto de concentrarnos en la experiencia del momento que estamos pasando, pendiente a cada detalle que estamos sintiendo para vivirlo y apreciarlo.

La capacidad de saborear las experiencias positivas en tu vida a medida que ocurren es uno de los ingredientes más importantes de la felicidad.

¿Por qué saborear?

Saborear intensifica y alarga las emociones positivas que sientes al hacer algo que disfrutas.

Saborear puede ayudar a impedir que la mente divague. Nos mantiene en el momento. Puede hacernos sentir agradecidos por las experiencias que estamos teniendo mientras perduran.

El ejercicio: Durante los próximos siete días practica el arte de saborear eligiendo una experiencia para cada día. Puede ser una buena ducha, tu café matutino o una bebida sabrosa, una comida deliciosa, un gran paseo al aire libre, un abrazo a un ser querido o cualquier experiencia que realmente disfrutes, asegurándote de "permanecer todo el tiempo presente en el momento".

Seguimiento: Cada noche, toma nota de lo que saboreaste. Recuerda también que para fines de la reconexión o reprogramación mental es mejor hacer este ejercicio durante 21 días.

C. Ejercicio de reconexión #3: MEDITACIÓN

Si quieres ser feliz, no vivas en el pasado, no te preocupes del futuro, concéntrate en vivir plenamente en el presente.
Roy T. Bennett

Hemos descubierto que la meditación permite al cerebro superar el hábito común de tratar de hacer malabarismos con muchas cosas en su mente a la vez. La meditación permite que nuestro cerebro se concentre en una tarea a la vez, la que tiene presente en ese momento.

La meditación es una práctica para desviar intencionalmente la atención de los pensamientos que te distraen hacia un punto único de referencia (por ejemplo, la respiración, las sensaciones corporales, un pensamiento específico, etcétera).

¿Por qué meditar?

Porque una mente divagante es una mente infeliz. Un estudio encontró que nuestra mente divaga el 47 % del tiempo, y la meditación podríamos decir que es el antídoto de la mente errante, puede aumentar nuestro estado de ánimo positivo, la concentración y nuestros sentimientos de conexión social, así como lograr que disminuya el estrés.

El ejercicio: Durante la próxima semana dedica al menos 10 minutos del día a la meditación. Encuentra un lugar tranquilo donde no te molesten mientras meditas. Si consigues hacerlo, te permitirá sentirte un poco más tranquilo durante el transcurso de la semana. Al final del día, registra en tu diario cuándo y cuánto tiempo meditaste. La siguiente es una de las formas más sencillas de realizar una meditación.

Meditación básica

1. Encuentra un lugar tranquilo donde puedas evitar distracciones durante unos minutos.
2. Siéntate cómodamente con la espalda recta pero relajada.
3. Concentra tu atención en el acto de respirar, siendo consciente de las sensaciones de inhalación y exhalación, y repite de nuevo con cada respiración.
4. No juzgues o evalúes tu respiración ni trates de cambiarla de ninguna manera.
5. Considera todo lo que te venga a la mente como una distracción (pensamientos, sonidos, preocupaciones) déjalo ir y vuelve a prestar atención a tu respiración.

Hay muchas buenas aplicaciones de meditación guiada. Úsalas si necesitas ayuda con este ejercicio de meditación.

La siguiente aplicación de meditación fue presentada recientemente por Tony Robbins, se llama "The Tapping Solution". (Ver Anexo 3).

D. Ejercicio de reconexión #4: BONDAD

La evidencia científica sugiere que actos simples de bondad nos traen felicidad.

Las investigaciones demuestran que las personas felices están motivadas a hacer cosas amables por los demás.

Contribuir a la felicidad de los demás nos proporciona sentido y placer, es por eso que ayudar a los demás es uno de los componentes de una vida feliz.

Estos no tienen que ser actos complicados o que requieran mucho tiempo, pero debe ser algo que realmente ayude o impacte a otra persona. Por ejemplo, dona unos cuantos dólares o algo de tiempo a una causa en la que creas, di algo amable a un extraño, escribe una nota de agradecimiento, dona sangre, etcétera.

El ejercicio: Durante los próximos siete días, realiza siete actos de bondad más allá de lo que normalmente haces. Puedes hacer un acto de bondad por día, o puedes hacer varios actos de bondad en un solo día. Al final de cada jornada, anota tus actos de bondad en tu diario.

1. Da a alguien un cumplido inesperado.
2. Deja que alguien que se encuentra detrás de ti en la fila se ponga delante.
3. Paga el peaje del automóvil que se encuentra detrás de ti.
4. Disminuye la velocidad para que alguien pueda adelantar en el tráfico.
5. Deja que otra persona ocupe ese buen espacio de estacionamiento.
6. Dale a alguien tu asiento en un autobús lleno de personas.
7. Compra una comida caliente para alguien que la necesite.
8. Ayuda a alguien a cargar sus bolsas de compras.
9. Detente para ayudar a alguien que parece estar perdido.
10. Entrégale botellas de agua desechables a las personas que trabajan al aire libre en un día caluroso.
11. Paga por la comida de las personas de la mesa de al lado en un restaurante. (Retírate antes de que se den cuenta de lo que has hecho).
12. Mantén un paraguas extra en tu auto para dárselo a alguien que lo sorprendió la lluvia.
13. Compra limonada en el puesto un niño que la venda.
14. En una fiesta, habla con un extraño que parezca no conocer a nadie.
15. Sonríele a alguien que se vea triste.
16. Dona sangre.
17. Escribe una nota de agradecimiento a alguien que te haya ayudado en tu carrera.
18. Haz una porción adicional de las galletas que estás horneando y llévale algunas a tu vecino.

19. Escríbele una nota de agradecimiento a un maestro que hizo una diferencia en tu vida.

20. Llama a tu mamá o papá solo para decirle *te amo*.

21. Envía un mensaje a un amigo, dejándole saber que lo aprecias.

22. Perdona a alguien que te haya ofendido.

23. Regálale un libro que creas que le gustaría a un amigo.

24. Escribe una nota dulce y alentadora y pónla en la lonchera de tu hijo o debajo de la almohada.

E. Ejercicio de reconexión #5: CONEXIÓN SOCIAL

Nuestras conexiones sociales importan. En otras palabras, estar rodeado de otras personas nos hace más felices.

Las investigaciones muestran que las personas felices pasan más tiempo con los demás y tienen más conexiones sociales que las personas infelices. Tener conexiones sociales con las personas nos hacen menos vulnerable a la muerte prematura, nos hace más propenso a sobrevivir una enfermedad mortal y menos propenso a ser víctima de eventos estresantes.

Las personas muy infelices pasan más tiempo solas.

Otro estudio demostró que las personas que son muy felices tienen MÁS amigos cercanos, MÁS lazos familiares fuertes y MÁS lazos románticos que las personas que son infelices.

¿Y qué sucede con las conexiones sociales con extraños? ¿Cómo puede eso afectar nuestra felicidad?

Los estudios muestran que el simple hecho de hablar con un extraño en la calle, puede mejorar nuestro estado de ánimo más de lo que imaginamos. Por extraño que parezca, se descubrió que hablar con un extraño hará que tanto usted como la otra persona sean más felices.

De hecho, las personas con un fuerte apoyo social son más sanas y viven más tiempo. Un intrigante análisis de tres comunidades de personas muy longevas: los habitantes de la isla de Sardinia en Italia, los okinawenses en Japón y los Adventistas del Séptimo Día en Loma Linda, California, reveló que todas tenían cosas en común. En la parte superior de su lista estaba "Mantenerse activos e involucrados socialmente".

Uno de los hallazgos más sólidos en la ciencia de la felicidad es que las personas felices tienen mejores relaciones que sus amigos menos felices. No sorprende, entonces, que invertir en relaciones sociales sea un buen camino para ser más feliz.

El ejercicio: Durante los próximos siete días, intentarás concentrarte en hacer una nueva conexión social por día. Puede ser un pequeño contacto de 5 minutos como iniciar una conversación con alguien en el transporte público, preguntarle a un compañero de trabajo sobre su día o incluso conversar con el barista en una cafetería.

Pero también debes buscar conexiones sociales más significativas. Al menos una vez esta semana, tómate una hora entera para conectarte con alguien que te importe: un amigo que está lejos o un familiar con el que no has hablado en mucho tiempo.

La clave es que debes tomarte el tiempo necesario para conectarte genuinamente con otra persona. Al final del día, haz una lista de las conexiones sociales que hiciste y observa cómo te sientes cuando las anotas.

F. Ejercicio de reconexión #6: HACER EJERCICIO

Las investigaciones sugieren que 30 minutos al día de ejercicio pueden mejorar tu estado de ánimo además de hacer que tu cuerpo sea más saludable. ¿Por qué hacer ejercicios? Bueno, resulta que moverse un poco más te puede traer muchos beneficios positivos.

Aumentos mínimos pero consistentes en tu actividad física pueden brindarte enormes beneficios psicológicos. Beneficios incluso mayores que los otros mecanismos que tenemos para aumentar la felicidad químicamente. Hacer algo de ejercicio puede mejorar tu estado de ánimo. Incluso puede disminuir los síntomas de la depresión tanto como los medicamentos populares contra esta.

En un estudio hecho con personas gravemente deprimidas, se descubrió que, el solo hecho de hacer ejercicios tres veces a la semana, durante 30 minutos al día, puede brindarle tanta felicidad, comparable a tomar algunos de los medicamentos populares contra la depresión. Quizás aún más sorprendente en un estudio de investigación realizado se encontró que seis meses después, los participantes que habían "remitido" (recuperado) de sus depresiones tenían menos probabilidades de recaer si habían estado en el grupo de ejercicio (seis meses antes) que si hubieran estado en el grupo de medicación.

El que el ejercicio te haga sentir bien es un hecho ya bien conocido. Pero de que los beneficios psicológicos del ejercicio incluso superen los efectos de los medicamentos antidepresivos es un descubrimiento bastante asombroso. Haz ejercicio, es una forma totalmente gratuita y súper fácil de hacer tu vida más feliz y saludable.

El ejercicio: Durante la próxima semana, dedica cada día a hacer que tu cuerpo se mueva con al menos 30 minutos de ejercicios. Marca en tu calendario un lugar y una hora y luego vete a caminar, montar bicicleta, nadar, tomar una clase de yoga o a saltar soga en tu casa. Esto no está supuesto a ser un ejercicio para ponerte en forma; es solo para que tu cuerpo se mueva un poco más de lo acostumbrado. Recuerda registrar en el diario tu actividad. Nota cuánto mejor te sientes después de hacer algo de ejercicio.

G. Ejercicio de reconexión #7: DORMIR BIEN

Una de las razones por las que somos tan infelices en nuestra vida moderna es porque constantemente nos privamos de dormir. Sabemos que dormir lo suficiente puede mejorar tu estado de ánimo.

Los estudios demuestran que dormir unas siete u ocho horas por noche puede hacerte más feliz. También puede aumentar tu rendimiento cognitivo. Dormir lo suficiente también tiene muchos otros beneficios para la salud. Puede disminuir el riesgo de enfermedades del corazón. Es una forma totalmente gratuita y súper fácil de mejorar tu estado de ánimo y la salud.

El ejercicio: Debes dormir al menos siete horas durante al menos cuatro noches a la semana. Dormir te hará sentir mejor, tanto física como mentalmente. Por lo tanto, elije cuatro noches esta semana, anótalas en tu calendario y asegúrate de cubrir las horas de sueño necesarias. Debes evitar la cafeína y el alcohol en los días en que duermes tus 7 horas. Cada mañana, asegúrate de registrar la cantidad de horas de sueño que dormiste.

CAP. 11
EL PODER DE UNA SONRISA
SONREÍR ES UNA DE LAS EXPRESIONES MÁS BÁSICAS DEL SER HUMANO

Independientemente de la parte del mundo a la que pertenezca, el ser humano usa la sonrisa para expresar alegría y satisfacción.

Se han realizado muchos estudios reveladores a lo largo de los años con respecto a LA SONRISA.

No vamos a entrar en los detalles de estos estudios, pero definitivamente compartiremos con ustedes algunos de los descubrimientos más interesantes sobre LA SONRISA, porque pienso que lo que puedes aprender de una sonrisa también te ayudará a mejorar tu estado de ánimo positivo y tu felicidad.

Estos son algunos de los descubrimientos más interesantes:

- La mayoría de los adultos sonríen menos de 20 veces al día, mientras que no es raro que los niños sonrían hasta 400 veces por día.
- Un estudio reciente de la Universidad de Uppsala en Suecia descubrió que es muy difícil fruncir el entrecejo cuando miras a alguien que sonríe. ¿Preguntas por

qué? Porque sonreír es evolutivamente contagioso y suprime el control que solemos tener sobre nuestros músculos faciales.

- En *El origen de las especies*, Charles Darwin también describió la teoría de la respuesta de retroalimentación facial. Su teoría establece que el acto de sonreír en sí mismo nos hace sentir mejor, en lugar de que sonreír sea simplemente el resultado de sentirnos bien.
- Sonreír estimula nuestro mecanismo de recompensa cerebral de una manera que incluso el chocolate, un inductor de placer bien considerado, no puede igualar.

Investigadores británicos descubrieron que una sonrisa puede generar el mismo nivel de estimulación cerebral que hasta 2000 barras de chocolate. Y a diferencia de mucho chocolate, muchas sonrisas pueden hacerte más saludable.

SONREÍR REDUCE ESTRÉS Y MEJORA EL ESTADO DE ÁNIMO
Sonreír puede ayudar a reducir el nivel de hormonas que aumentan el estrés, como el cortisol, la adrenalina y la dopamina; la risa también aumenta el nivel de hormonas que mejoran el estado de ánimo, como las endorfinas, y reduce la presión arterial en general.

- Un proyecto de investigación de 2010 de la Universidad Estatal de Wayne que analizó las tarjetas de béisbol de los jugadores de las Grandes Ligas anteriores a la década de 1950 descubrió que la duración de la sonrisa de un jugador en realidad podría predecir la duración de su vida. Los jugadores que no sonreían en sus fotos, vivieron un promedio de solo 72.9 años, mientras que los jugadores con sonrisas radiantes vivieron un promedio de casi 80 años.

– Al medir las sonrisas, los investigadores pudieron predecir cuán satisfactorio y duradero sería el matrimonio de un sujeto.

– Cuán inspiradores serían para los demás.

Por lo tanto, cada vez que desees reducir tu estrés o que desees efectuar un acto poderoso que te ayudará y también a todos los que te rodean a vivir una vida más larga, saludable y feliz, ¡SONRÍE!

CAP. 12
MOTIVACIÓN EXTRÍNSECA VS. INTRÍNSECA
¿QUÉ ES MEJOR PARA LA FELICIDAD?

La motivación extrínseca implica hacer algo porque quieres obtener una recompensa o evitar un castigo. Los ejemplos de motivación extrínseca incluyen: competir en deportes por trofeos, completar el trabajo por dinero, recompensas de viajero frecuente. La motivación intrínseca implica hacer algo que es personalmente gratificante para ti.

Ejemplos de motivaciones intrínsecas es leer sobre algo porque nos complace aprender. Participar en un deporte porque es divertido y porque lo disfrutas en lugar de hacerlo para ganar un premio o aprender un nuevo idioma, porque te gusta experimentar cosas nuevas.

La investigación científica demostró que seguir objetivos intrínsecos nos hace más felices, en parte porque son relativamente más inspiradores y agradables, satisfacen nuestras necesidades psicológicas más básicas y nos ayudan a confirmar que la felicidad se encuentra en tu interior.

CAP. 13
FORTALEZAS DE CARÁCTER Y EL ESTADO DE *FLOW*

ENVUELTO EN LO QUE ME GUSTA SOY FELIZ

En 1932, agobiado por las penas y agonías de sus clientes confundidos y sin rumbo, un psiquiatra australiano llamado W. Béran Wolfe resumió su filosofía así: "Si observas a un hombre realmente feliz, lo encontrarás construyendo un barco, escribiendo una sinfonía, educando a su hijo, cultivando orquídeas o buscando huevos de dinosaurio en el desierto de Gobi". Tenía razón. Las personas que luchan por algo personalmente significativo, ya sea aprender un nuevo oficio, cambiar de carrera, o criando niños con valores morales, son mucho más felices que aquellos que no tienen fuertes sueños o aspiraciones. Busca a una persona feliz y la encontrarás profundamente involucrada en un proyecto o actividad.

Resulta que el proceso de trabajar hacia una meta, participando en una actividad valorada y desafiante, es tan importante para el bienestar como su consecución. Esta historia me lleva a la importancia de usar nuestras fortalezas de carácter más fuertes, comúnmente llamadas fortalezas de carácter sobresalientes.

A. Fortalezas de carácter sobresalientes: La importancia de conocerlas y utilizarlas

Las fortalezas de carácter son las partes positivas de tu personalidad que impactan en cómo piensas, sientes y te comportas. Los científicos han identificado 24 fortalezas de carácter que tienes la capacidad de expresar.

Cuando descubres tus fortalezas de carácter sobresalientes, puedes usarlas para enfrentar los desafíos de la vida, trabajar para lograr metas y sentirte más realizado tanto personal como profesionalmente. Conocer y aplicar tus fortalezas de carácter sobresalientes es la clave para ser tu mejor yo.

En el capítulo V de este libro se remite a un enlace donde aparece una prueba para encontrar cuáles son sus fortalezas de carácter sobresalientes. Aprende cuáles son y luego aplícalas a tu vida tanto como puedas reinventando tu trabajo, tu amor, tu juego, tu amistad, tu manera de educar o enseñar.

A medida que aumentas el uso de tus fortalezas de carácter sobresalientes, también aumenta tu productividad y satisfacción con el trabajo o la tarea que ejecutas. El uso de tus fortalezas de carácter sobresalientes en tus actividades aumentarán tu felicidad.

B. *Flow*, la experiencia mental que fluye: ¡El viaje más feliz!

Lo que sigue es una descripción de un compositor famoso mientras se siente en *Flow*:

"Bueno, cuando estoy realmente involucrado en este proceso de crear algo nuevo, no me queda suficiente atención para monitorear cómo se siente mi cuerpo o mis problemas en la casa".

"Ni siquiera puedo sentir si tengo hambre o estoy cansado. El cuerpo desaparece, mi identidad desaparece de mi conciencia. La gente describió esto como un flujo espontáneo, yo llamo a este tipo de experiencia *la experiencia del flujo mental* o *Flow*".

¿Alguna vez has estado tan envuelto en lo que estabas haciendo: pintando, escribiendo, conversando, jugando al ajedrez, pescando, rezando, navegando por el internet, que perdiste por completo la noción del tiempo? Tal vez ni siquiera te diste cuenta de que tenías mucha hambre.

Si la respuesta es sí, entonces has experimentado un estado llamado *Flow*. Nombre dado por Mihály Csíkszentmihályi.

Esta es la idea de que tenemos este estado mental en el que estás realizando una actividad en la que estás completamente sumergido, cuando estás en ese momento, en el que te sientes lleno de energía y concentrado. Incluso puedes perder tu sentido de timidez. A menudo pierdes la noción del tiempo que pasa. Es como estar "en trance".

¿Quieres saber cuándo estás en *Flow*?

Si la actividad es demasiado desafiante, puedes sentirte ansioso, si es demasiado fácil, puedes sentirte aburrido.

Cuando estás en *Flow*, te sientes como si estuvieras ampliando tus habilidades y experiencia.

Sientes que tu atención está comprometida, pero parece manejable. No es como si te estresaras, es solo que lo estás haciendo a tu máximo nivel.

Flow es una forma de describir una experiencia que se encuentra en el espacio justo entre el aburrimiento y la ansiedad.

La clave para crear *Flow* es establecer un equilibrio entre habilidades y desafíos.

La actividad es también en sí misma, intrínsecamente gratificante. Simplemente te encanta mientras lo haces.

Si nos entrenamos para entrar en *Flow* en tantas circunstancias como sea posible, tendremos una vida más feliz.

CAP. 14
LA HISTORIA DE HARVARD:
RELACIONES, LA CLAVE PARA UNA VIDA FELIZ

En 1938, la Universidad de Harvard inició el estudio más largo que jamás se haya realizado sobre la vida adulta.

El estudio rastreó la vida de 724 hombres, a quienes se les preguntó año tras año sobre su trabajo, salud y vida en el hogar.

Duró 75 años. Los estudios como este son extremadamente raros, ya sea porque se quedan sin fondos, o las personas no quieren participar o mueren, o los investigadores no le dan el seguimiento necesario. De alguna manera este estudio sobrevivió. El último investigador de este trabajo, el Dr. Walinger de Harvard, nos comparte lo acontecido:

> El estudio siguió a dos grupos: el primer grupo estaba compuesto por estudiantes de segundo año en la universidad de Harvard, el segundo era un grupo de jóvenes de los barrios más pobres de Boston.
>
> Estos adolescentes se convirtieron en adultos que se integraron en todos los ámbitos de la vida. Se convirtieron en trabajadores de fábricas, abogados, albañiles y

médicos, y un presidente de los Estados Unidos. Algunos desarrollaron alcoholismo. Unos pocos desarrollaron esquizofrenia. Otros subieron la escala social hasta lo más alto, y no faltaron quienes hicieran ese viaje en la dirección opuesta.

Para obtener la imagen más clara de estas vidas, no solo les enviaron cuestionarios. Fueron entrevistados en las salas de sus casas. Obtuvimos los registros médicos de sus doctores. Les hicimos exámenes de sangre, escaneamos sus cerebros, hablamos con sus hijos.

Las lecciones que provienen de las decenas de miles de páginas de información que se generaron sobre estas vidas no apuntan a la riqueza, la fama o el trabajo duro.

El mensaje más claro que recibimos de este estudio de 75 años es el siguiente:

Las buenas relaciones nos mantienen más felices y saludables. Punto.

Las conexiones "sociales" son realmente buenas para nosotros, y la soledad mata.

Resulta que las personas que están más conectadas socialmente con la familia, los amigos, la comunidad, son más felices, son físicamente más saludables y viven más que las personas que están menos conectadas.

FAMA, RIQUEZA Y ÉXITO: LA GRAN MENTIRA FELIZ

Muchos de los hombres en el estudio, cuando comenzaban como jóvenes adultos, realmente creían que la fama, la riqueza y los grandes logros eran lo que necesitaban para tener una buena vida y ser felices.

Pero durante estos 75 años, lo que el estudio demostró es que las personas que vivieron una vida más feliz fueron las personas que se apoyaron en las relaciones con la familia, con los amigos, con la comunidad. Así que recuerda, una vida feliz se construye con buenas relaciones.

Si paras de leer este libro ahora, al menos te llevas contigo los descubrimientos científicos y técnicas más recientes para mejorar el estado de ánimo y la felicidad general en tu vida. Ahora, si continúas leyendo, también llegarás a descubrir cómo alcanzar por ti mismo el nivel máximo de felicidad.

Porque en este próximo capítulo te daremos la fórmula más actualizada, una fórmula real que puedes aplicar a tu vida para ser y mantenerte feliz. La fórmula es efectiva y puedes aplicarla en cualquier momento para medir tu nivel de felicidad.

CAP. 15
PERMA: LA DEFINICIÓN MÁS COMPLETA DE LA FELICIDAD

Hasta ahora, has obtenido grandes conocimientos acerca de lo que la ciencia ha descubierto acerca de qué puede hacerte feliz. En este libro, nuestro objetivo es que no solo entiendas cómo ser feliz, sino que también disfrutes del estado de máxima felicidad, un estado que el Dr. Seligman llama *"Fluorishing"* (Florecimiento).

Como mencionamos al principio, si tienes todo lo que querías tener, pero no eres feliz, entonces la vida no es tan buena. Y si no tienes todo lo que quisieras tener, pero eres feliz, entonces la vida es maravillosa.

Así que esto demuestra que la vida realmente no se trata del dinero y las cosas que puedes comprar o de si alcances o no cualquiera de tus objetivos. La clave es administrar tu vida día a día. De una manera que te asegure un viaje feliz, independientemente del destino o los resultados adquiridos.

Necesitamos entender que la felicidad es un proceso, no un lugar específico; una forma de viajar, no un destino. La felicidad requiere de actitudes positivas hacia la vida y el mundo.

La felicidad es ser intencional y tener el compromiso de participar en las actividades que pueden hacerte feliz; en otras palabras, tienes que querer ser feliz.

Una vida feliz es aquella llena de significados y valores, buenas relaciones sociales, y trabajo gratificante. De suficiencia material y de emociones espirituales como el amor y la gratitud. Una vida con todos estos elementos es una vida tan feliz como puede ser y es lo que el Dr. Seligman llama la Vida Floreciente (*A Flourishing Life*).

La experiencia de la felicidad máxima y su fórmula

La experiencia de la felicidad máxima es una combinación de una sensación de bienestar junto con un alto nivel de calidad de vida. Es más que simples placeres y más que la ausencia de estrés, depresión y ansiedad.

Debemos sentir que nuestra vida tiene alegría, pero también sentido. Debemos sentir que estamos totalmente envueltos en actividades de nuestro agrado, que estamos completando objetivos y que somos parte de algo más grande que nosotros (lo espiritual). Todos estos elementos juntos son los que hacen una vida maravillosamente feliz.

Como ya pueden ver, el dinero solo juega un rol pequeño en esta imagen más completa de la felicidad. La mejor fórmula que he visto hasta ahora para alcanzar este máximo estado fue creada por el Dr. Martin Seligman, y la fórmula se llama PERMA™.

Y ¿qué es PERMA™?

PERMA: Los cinco componentes de una Vida Feliz

PERMA es un acrónimo para:

*P*ositive emotion (**Emoción positiva**)

*E*ngagement (**Compromiso**)

*R*elationships (**Relaciones**)

*M*eaning (**Significado**)

*A*ccomplishment (**Logro**)

PERMA son los cinco componentes básicos de una vida Feliz. Esta es una breve definición de cada uno de los cinco componentes de PERMA:

Emoción positiva:

Emoción positiva es lo que sentimos: placer, éxtasis, calidez, comodidad y similares.

Una vida realzada por estos elementos puede llamarse la "vida placentera".

Esta ruta hacia el bienestar es hedónica: aumenta los placeres físicos y las emociones positivas. Varias formas de alcanzar la emoción positiva son: aumentar nuestra emoción positiva sobre el pasado cultivando la gratitud y el perdón, o aumentar nuestra emoción positiva sobre el presente saboreando los placeres físicos y permaneciendo en el momento actual, y nuestra emoción positiva sobre el futuro construyendo esperanza y optimismo.

Las definiciones tradicionales de felicidad tienden a centrarse solo o principalmente en la emoción positiva, pero la emoción positiva en sí misma no es felicidad completa.

Veamos algunos de los demás componentes de PERMA.

Compromiso:

El *compromiso* es la experiencia en que nos involucramos en la actividad de una manera más profunda, más envueltos o compenetrados con lo que estamos haciendo. El nivel de compromiso o compenetración más elevado al que podemos llegar mientras hacemos una actividad es cuando entramos en estado de *Flow* o flujo mental. En estado de *Flow* el espacio y el tiempo parecen detenerse. Según Mihály Csíkszentmihályi, *Flow* es tan gratificante que las personas están dispuestas a hacerlo por sí mismas, en lugar de por lo que obtendrán de ello. La actividad es su propia recompensa.

El *Flow* se puede experimentar en una amplia variedad de actividades, como en una buena conversación, tocando un instrumento musical, leyendo un libro, escribiendo, haciendo jardinería, entrenando para un deporte, entre otros.

Relaciones:

Las relaciones personales son fundamentales para la felicidad y el bienestar. Las conexiones con otros pueden dar propósito y significado a la vida.

El apoyo y la conexión con los demás son algunos de los mejores antídotos contra los "bajones" de la vida y una forma confiable de elevar nuestro estado de ánimo.

Sentido:

La *vida con sentido* consiste en el significado y propósito que puede derivarse de pertenecer y servir a algo más grande que uno mismo. En la mayoría de las sociedades, las personas pueden encontrar este sentido de significado en las religiones, las instituciones sociales y caritativas, las causas sociales, las organizaciones comunitarias y la familia.

Logros:

Las personas van detrás de logros, la competencia, el éxito por sí mismos, en una variedad de campos que incluye el lugar de trabajo, los deportes, los pasatiempos, etc.

Las personas persiguen estos logros incluso cuando no conducen necesariamente a emociones, significado o relaciones positivas.

Cada uno de estos cinco componentes básicos contribuye al bienestar y la felicidad. Cada uno se define y mide independientemente de los demás elementos.

PERMA TEST: **LA MEJOR PRUEBA PARA MEDIR LA FELICIDAD**

La siguiente es una prueba real para medir qué tan feliz eres, basada en PERMA.

Mide el nivel de PERMA para averiguar cuál es tu posición en cada uno de los elementos clave de la felicidad.

Y luego vuelve a medirlo de vez en cuando, especialmente después de haber estado activo haciendo los ejercicios de reconexión para averiguar dónde te encuentras en cada uno de los elementos de PERMA. Siempre hay espacio para ser más feliz, si encuentras que algunos de los elementos de PERMA tienen una calificación baja, entonces sabrás que debes mejorar ese tipo de actividad para aumentar el PERMA y, por lo tanto, su nivel general de felicidad.

La prueba de PERMA es una encuesta de 23 preguntas que mide cinco pilares del bienestar, conocidos como PERMA:

Emoción positiva (P), Compromiso (E), Relaciones(R), Significado (M), y Logro (A). Al realizar la encuesta, recibirás puntajes para cada pilar, que van del 0 al 10 junto con puntajes para el bienestar general, la salud y las emociones negativas. (Ver Anexo 4).

CAP. 16
CONCLUSIÓN:
ME COMPROMETO A SER UNA PERSONA FELIZ

No esperes a que las cosas mejoren, la vida siempre será complicada.
Aprende a ser feliz ahora mismo, de lo contrario te quedarás sin tiempo.
Anónimo

Si te vas hoy sabiendo más sobre cómo ser feliz y llevar una vida floreciente, probablemente haya logrado agregar información útil a tu conocimiento general, pero me gustaría pensar que puedo ayudarte un poco más, es decir, no solo aumentando tu conocimiento, sino preferiblemente ayudando en tu transformación para convertirte en un ser humano más FELIZ.

¿No sería ese un mejor resultado? Digamos que al absorber la información que se encuentra en este libro, has tomado el primer paso para convertirte en una persona FELIZ. Ahora debes comprometerte a hacer un esfuerzo dedicado. Los pasos para convertirte en una persona feliz no son diferentes a los necesarios para aprender un nuevo idioma, una nueva habilidad o cualquier otro objetivo que desees conseguir.

Nota importante: Por favor, recuerda que para que toda la información y los ejercicios funcionen, debes ser INTENCIONAL y proactivo.

¡Para ser feliz, debes aprender lo que se debe hacer y luego hacerlo!

La clave está en…

1. Poner un esfuerzo diario en hacer y aplicar los conceptos aprendidos aquí.
2. Darle seguimiento a los ejercicios de reconexión que mejoran tu estado de ánimo diario.
3. Comprometerte con esta meta por al menos 21 días y preferiblemente por un período de tiempo más largo.
4. Monitorear tus niveles de felicidad cada cierto tiempo (mínimo cada 3 meses) usando los test sugeridos.

MIS PALABRAS FINALES

Solo quiero dejarles con este pensamiento. Espero haber podido trasmitirles lo que llegué a reconocer como "una de las cosas más importantes de la vida" la importancia de SER feliz como una forma de prevenir enfermedades y mantener la salud, tener más energía, mejores relaciones sociales y familiares, para rendir mejor en el trabajo, encontrar sentido a la vida, retrasar el proceso de envejecimiento, en resumen… para tener una mejor Vida.

También espero haber podido hacerles ver que ser feliz se puede aprender y que la mayoría de las personas pueden lograrlo si realmente lo intentan (siendo intencional). Sus comentarios son bienvenidos. Me encanta saber de ustedes, lo que piensan de estos conceptos, cómo se aplican a su vida y qué resultados obtienen. ¡Mis más sinceros deseos de que sean muy Felices!

RICHARD ZAFRANI K.
rickusa501@gmail.com

Una nota final: si te han diagnosticado depresión, este programa de felicidad no pretende reemplazar los tratamientos establecidos, como la terapia cognitivo-conductual y los medicamentos antidepresivos. Pero debes considerarlo un complemento potente, que podría ayudar a sentirte mejor más pronto, más fuerte y a más largo plazo.

FRASES CÉLEBRES SOBRE LA FELICIDAD

Cuando tenía 5 años mi madre siempre me decía
"La felicidad es la clave de la vida".
Cuando fui a la escuela me preguntaron qué quería ser
cuando fuera grande.
Escribí feliz, me dijeron que no entendí la tarea
y yo les dije que ellos no entendían la vida.

JOHN LENNON

No hay un camino hacia la felicidad:
La felicidad es el Camino.

BUDA

Lo más importante es disfrutar de tu vida.
Ser feliz es lo que más importa.

AUDREY HEPBURN

Yo diría que pienso que el acto más revolucionario
que puedes cometer hoy día en nuestra sociedad
es ser feliz.

ROBIN WILLIAMS

La felicidad de tu vida depende de la calidad
de tus pensamientos.
MARCUS AURELIUS

He elegido ser feliz porque es bueno para mi salud.
VOLTAIRE

Todos deberían volverse ricos y famosos
y hacer todo lo que alguna vez soñaron
solo para darse cuenta de que esa no es la solución
a la felicidad.
JIM CARREY

No críes a tus hijos para que sean ricos,
edúcalos para ser felices.
STEVE JOBS,
fundador de Apple

La felicidad no es algo prefabricado.
Ella viene a través de tus propias acciones.
DALAI LAMA

La felicidad consiste más en las pequeñas comodidades
o placeres que se dan todos los días,
que en las grandes fortunas que le suceden rara vez
a un hombre en el curso de su vida.
BENJAMÍN FRANKLIN

La felicidad no nos lleva a la gratitud,
la gratitud nos lleva a la felicidad.
DAVID-STEINDL RAST

La felicidad no se trata de conseguir
lo que quieres todo el tiempo,
se trata de amar lo que tienes
y estar agradecido por ello.
CHARLIE BROWN

Si quieres ser feliz, no vivas en el pasado,
no te preocupes del futuro,
concéntrese en vivir plenamente en el presente.
ROY. T BENNETT

La felicidad no está ahí fuera, está en ti.
ANÓNIMO

No esperes a que las cosas mejoren,
la vida siempre será complicada.
Aprende a ser feliz ahora mismo,
de lo contrario te quedarás sin tiempo.
ANÓNIMO

BIBLIOGRAFÍA

Ben-Shahar, Tal Ph.D: *Happier, learn the secrets to daily joy and lasting fulfilment,* Mc Graw Hill, 2007.

Butler, J. & M. L. Kern: *"The Perma Profiler", A brief multidimensional measure of flourishing,* «http://www.peggykern.org, test», 2015

Csíkszentmiháliyi, Mihály: *Flow, the Secret to Hapiness,* Ted talk, Youtube Video, 2008.

Diener, Ed. and Robert Biswal: *Hapiness, Unlocking The Mysteries of Psychology,* Blackwell Publishing, 2008.

Emmons, Robert A. Ph.D: *Thanks, How Practicing Gratitude Can Make You Happier,* Houghton Mifflin Harcourt Publishing Company, 2007.

Lyubomirsky, Sonja: *The How of Happiness, a new approach to getting the life you want,* Penguin Books, 2007.

Santos, Dr. Laurie: *The Science of Well Being,* Yale University, Online Course, 2022.

Seligman, Martin E.P.: *Flourish: A Visionary New Understanding of Happiness and Well Being,* Simon & Schuster Inc., 2011.

Via Institute on Character: *"VIA Character strengths survey",* «https://www.viacharacter.org/», test.

Waldinger, Robert: *What Makes a Good Life, Lessons from the longest study on hapiness,* Ted talk Harvard 75 year research, Youtube Video.

ANEXOS

1. Enlace de prueba del inventario de la felicidad auténtica:
https://yalesurvey.ca1.qualtrics.com/jfe/form/
SV_3sHNmRsXIeYAZCJ?user_id=1e4abaea-
025c9b3d29341e6e44628a3acef80955

2. Enlace a la encuesta de fortalezas de carácter:
https://www.viacharacter.org/consultants

3. Enlace a la aplicación de meditación:
https://www.thetappingsolution.com/

4. Enlace de prueba de PERMA:
https://yalesurvey.ca1.qualtrics.com/jfe/form/
SV_dmWAB2LoFzOk25n?user_id=1e4abaea-
025c9b3d29341e6e44628a3acef80955

www.ingramcontent.com/pod-product-compliance
Lightning Source LLC
Chambersburg PA
CBHW070550160726
48003CB00005B/1976